目錄

笠翁對韻 上卷

笠翁對韻 下卷

增廣賢文

掃一掃聽有聲經典

音頻二維碼

笠翁對韻　卷上

一東

天對地。雨對風。大陸對長空。

山花對海樹。赤日對蒼穹。

雷隱隱。霧蒙蒙。日下對天中。

風高秋月白。雨霽晚霞紅。

牛女二星河左右。參商兩曜鬥西東。

十月塞邊。颯颯寒霜驚戍旅。

三冬江上。漫漫朔雪冷漁翁。

河對漢．綠對紅．雨伯對雷公．

烟樓對雪洞．月殿對天宮．

雲靉靆．日曈曚．蠟屐對漁篷．

過天星似箭．吐魄月如弓．

驛旅客逢梅子雨．池亭人挹藕花風．

茅店村前．皓月墜林鷄唱韻．

板橋路上．青霜鎖道馬行蹤．

山對海．華對嵩．四岳對三公．

宮花對禁柳．塞雁對江龍．

清暑殿。廣寒宮。拾翠對題紅。

莊周夢化蝶。呂望兆飛熊。

北牖當風停夏扇。南簾曝日省冬烘。

鶴舞樓頭。玉笛弄殘仙子月。

鳳翔臺上。紫簫吹斷美人風。

二冬

晨對午。夏對冬。下餉對高舂。

青春對白晝。古柏對蒼松。

垂釣客。荷鋤翁。仙鶴對神龍。

鳳冠珠閃爍，螭帶玉玲瓏。
三元及第才千頃，一品當朝禄萬鍾。
花萼樓間，仙李盤根調國脉；
沉香亭畔，嬌楊擅寵起邊風。
清對淡，薄對濃，暮鼓對晨鐘。
山茶對石菊，烟鎖對雲封。
金菡萏，玉芙蓉，緑綺對青鋒。
早湯先宿酒，晚食繼朝饔。
唐庫金錢能化蝶，延津寶劍會成龍。

巫峽浪傳。雲雨荒唐神女廟。
岱宗遥望。兒孫羅列丈人峰。
繁對簡。疊對重。意懶對心慵。
仙翁對釋伴。道範對儒宗。
花灼灼。草茸茸。浪蝶對狂蜂。
數竿君子竹。五樹大夫松。
高皇滅項憑三杰。虞帝承堯殛四凶。
内苑佳人。滿地風光愁不盡。
邊關過客。連天烟草憾無窮。

三江

奇對偶。隻對雙。大海對長江。

金盤對玉盞。寶燭對銀釭。

朱漆檻。碧紗窗。舞調對歌腔。

興漢推馬武。諫夏著龍逄。

四收列國群王伏。三築高城衆敵降。

跨鳳登臺瀟灑仙姬秦弄玉。

斬蛇當道英雄天子漢劉邦。

顏對貌。像對龐。步輦對徒杠。

停針對擱築。意懶對心降。

燈閃閃。月幢幢。攬轡對飛舡。

柳堤馳駿馬。花院吠村尨。

酒量微酡瓊杏頰。香塵沒印玉蓮𨇁。

詩寫丹楓。韓女幽懷流御水。

泪彈斑竹。舜妃遺憾積湡江。

四支

泉對石。干對枝。吹竹對彈絲。

山亭對水榭。鸚鵡對鸕鷀。

五色筆．十香詞．潑墨對傳卮．
神奇韓幹畫．雄渾李陵詩．
幾處花街新奪錦．有人香徑淡凝脂．
萬里烽烟．戰士邊關爭保塞．
一犁膏雨．農夫村外盡乘時．
菹對醢．賦對詩．點漆對描脂．
璠簪對珠履．劍客對琴師．
沽酒價．買山資．國色對仙姿．
晚霞明似錦．春雨細如絲．

柳絆長堤千萬樹，花橫野寺兩三枝。
紫蓋黃旗，天象預占江左地；
青袍白馬，童謠終應壽陽兒。
箴對贊，缶對卮，螢炤對蠶絲。
輕裾對長袖，瑞草對靈芝。
流涕策，斷腸詩，喉舌對腰肢。
雲中熊虎將，天上鳳凰兒。
禹廟千年垂橘柚，堯階三尺覆茅茨。
湘竹含烟，腰下輕紗籠玳瑁；

海棠經雨，臉邊清淚濕胭脂。

爭對讓，望對思，野葛對山梔。

仙風對道骨，天造對人爲。

專諸劍，博浪椎，經緯對干支。

位尊民物主，德重帝王師。

望切不妨人去遠，心忙無奈馬行遲。

金屋閑來，賦乞茂陵題柱筆。

玉樓成後，記須昌谷負囊詞。

五微

賢對聖。是對非。覺奧對參微。

魚書對雁字。草舍對柴扉。

鷄曉唱。雉朝飛。紅瘦對緑肥。

舉杯邀月飲。騎馬踏花歸。

黄蓋能成赤壁捷。陳平善解白登危。

太白書堂。瀑泉垂地三千丈。

孔明祀廟。老柏參天四十圍。

戈對甲。幄對帷。蕩蕩對巍巍。

嚴灘對邵圃。靖菊對夷薇。
占鴻漸。采鳳飛。虎榜對龍旗。
心中羅錦綉。口内吐珠璣。
寬宏豁達高皇量。叱咤喑啞霸王威。
滅項興劉。狡兔盡時走狗死。
連吴拒魏。貔貅屯處卧龍歸。
衰對盛。密對稀。祭服對朝衣。
鷄窗對雁塔。秋榜對春闈。
烏衣巷。燕子磯。久别對初歸。

天姿真窈窕，聖德實光輝。
蟠桃紫闕來金母，嶺荔紅塵進玉妃。
霸王軍營，亞父丹心撞玉鬥。
長安酒市，謫仙狂興換銀龜。

六　魚

羹對飯，柳對榆，短袖對長裾。
雞冠對鳳尾，芍藥對芙蕖。
周有若，漢相如，王屋對匡廬。
月明山寺遠，風細水亭虛。

壯士腰間三尺劍，男兒腹内五車書。

疏影暗香和靖孤山梅蕊放，

輕陰清晝淵明舊宅柳條舒。

吾對汝，尔對余。選授對昇除。

書箱對藥櫃，耒耜對耰鋤。

參雖魯，回不愚。閥閲對閻閭。

諸侯千乘國，命婦七香車。

穿雲采藥聞仙人，踏雪尋梅策蹇驢。

玉兔金烏，二氣精靈爲日月。

洛龜河馬．五行生克在圖書．
欹對正．密對疏．囊橐對苞苴．
羅浮對壺嶠．水曲對山紆．
驂鶴駕．待鸞輿．桀溺對長沮．
搏虎卞莊子．當熊馮婕妤．
南陽高士吟梁父．西蜀才人賦子虛．
三徑風光．白石黃花供杖履．
五湖烟景．
青山綠水在樵漁．

七虞

紅對白，有對無，布谷對提壺。
毛錐對羽扇，天闕對皇都。
謝蝴蝶，鄭鷓鴣，蹈海對歸湖。
花肥春雨潤，竹瘦晚風疏。
麥飯豆糜終創漢，蒓羹鱸膾竟歸吳。
琴調輕彈，楊柳月中潛去聽；
酒旗斜挂，杏花村裏共來沽。
羅對綺，茗對蔬，柏秀對松枯。

中元對上巳．返璧對還珠．
雲夢澤．洞庭湖．玉燭對冰壺．
蒼頭犀角帶．綠鬢象牙梳．
松陰白鶴聲相應．鏡裏青鸞影不孤．
竹户半開．對牖不知人在否．
柴門深閉．停車還有客來無．
賓對主．婢對奴．寶鴨對金鳧．
升堂對入室．鼓瑟對投壺．
覘合璧．頌聯珠．提瓮對當壚．

仰高紅日近，望遠白雲孤。

歆向秘書窺二酉，機雲芳譽動三吴。

祖餞三杯，老去常斟花下酒；

荒田五畝，歸來獨荷月中鋤。

君對父，魏對吴，北岳對西湖。

菜蔬對茶淡，荁藤對菖蒲。

梅花數，竹葉符，廷議對山呼。

兩都班固賦，八陣孔明圖。

田慶紫荆堂下茂，王裒青柏墓前枯。

出塞中郎，羝有乳時歸漢室。
質秦太子，馬生角日返燕都。

八齊

鸞對鳳，犬對鷄。塞北對關西。
長生對益智，老幼對旄倪。
頒竹策，剪桐圭。剝棗對蒸梨。
綿腰如弱柳，嫩手似柔荑。
狡兔能穿三穴隱，鷦鷯權借一枝棲。
甪里先生，策杖垂紳扶少主。

於陵仲子辟纑織屨賴賢妻。

鳴對吠，泛對栖。燕語對鶯啼。

珊瑚對瑪瑙，琥珀對玻璃。

絳縣老，伯州犁。測蠡對燃犀。

榆槐堪作蔭，桃李自成蹊。

投巫救女西門豹，賃浣逢妻百里奚。

闕里門墻，陋巷規模原不陋；

隋堤基址，迷樓蹤跡亦全迷。

越對趙，楚對齊。柳岸對桃溪。

紗窗對綉户。畫閣對香閨。
修月斧。上天梯。蝃蝀對虹霓。
行樂游春圃。工諛病夏畦。
李廣不封空射虎。魏明得立爲存麑。
按轡徐行。細柳功成勞王敬。
聞聲稍卧。臨涇名震止兒啼。

九佳

門對户。陌對街。枝葉對根荄。
鬥鷄對揮麈。鳳髻對鸞釵。

登楚岫。渡秦淮。子犯對夫差。
石鼎龍頭縮。銀箏雁翅排。
百年詩禮延餘慶。萬里風雲入壯懷。
能辨名倫。死矣野哉悲季路。
不由徑竇。生乎愚也有高柴。

冠對履。襪對鞋。海角對天涯。
雞人對虎旅。六市對三街。
陳俎豆。戲堆埋。皎皎對皚皚。
賢相聚東閣。良朋集小齋。

夢裏山川書越絕，枕邊風月記齊諧。
三徑蕭疏，彭澤高風怡五柳；
六朝華貴，琅琊佳氣種三槐。
勤對儉，巧對乖，水榭對山齋。
冰桃對雪藕，漏箭對更牌。
寒翠袖，貴荊釵，慷慨對詼諧。
竹徑風聲籟，花溪月影篩。
攜囊佳韻隨時貯，荷鍤沉酣到處埋。
江海孤蹤，雪浪風濤驚旅夢；

鄉關萬里。烟巒雲樹切歸懷。

杞對梓。檜對楷。水泊對山崖。

舞裙對歌袖。玉陛對瑤階。

風入袂。月盈懷。虎兕對狼豺。

馬融堂上帳。羊侃水中齋。

北面黌宮宜拾芥。東巡岱畤定燔柴。

錦纜春江。橫笛洞簫通碧落。

華燈夜月。遺簪墮翠遍香街。

十灰

春對夏。喜對哀。大手對長才。

風清對月朗。地闊對天開。

游閬苑。醉蓬萊。七政對三臺。

青龍壺老杖。白燕玉人釵。

香風十里望仙閣。明月一天思子臺。

玉橘冰桃。王母幾因求道降。

蓮舟藜杖。真人原爲讀書來。

朝對暮。去對來。庶矣對康哉。

馬肝對鷄肋，杏眼對桃腮。
佳興適，好懷開，朔雪對春雷。
雲移鳷鵲觀，日曬鳳凰臺。
河邊淑氣迎芳草，林下輕風待落梅。
柳媚花明，燕語鶯聲渾是笑；
松號柏舞，猿啼鶴唳總成哀。
忠對信，博對賅，忖度對疑猜。
香消對燭暗，鵲喜對蛩哀。
金花報，玉鏡臺，倒斝對銜杯。

岩巔橫老樹。石磴覆蒼苔。

雪滿山中高士臥。月明林下美人來。

綠柳沿堤。皆因蘇子來時種。

碧桃滿觀。盡是劉郎去後栽。

十一　真

蓮對菊。鳳對麟。濁富對清貧。

漁莊對佛舍。松蓋對花茵。

蘿月叟。葛天民。國寶對家珍。

草迎金埒馬。花醉玉樓人。

巢燕三春嘗唤友，塞鴻八月始來賓。
古往今來，誰見泰山曾作礪；
天長地久，人傳滄海幾揚塵。
兄對弟，吏對民，父子對君臣。
勾丁對甫甲，赴卯對同寅。
折桂客，簪花人，四皓對三仁。
王喬雲外舄，郭泰雨中巾。
人交好友求三益，士有賢妻備五倫。
文教南宣，武帝平蠻開百越；

義旗西指。韓侯扶漢卷三秦。
中對午。侃對閭。阿魏對茵陳。
楚蘭對湘芷。碧柳對青筠。
花馥馥。葉蓁蓁。粉頸對朱唇。
曹公奸似鬼。堯帝智如神。
南阮才郎差北富。東鄰醜女效西顰。
色豔北堂。草號忘憂憂甚事。
香濃南國。花名含笑笑何人。

十二 文

憂對喜，戚對欣，二典對三墳。
佛經對仙語，夏耨對春耘。
烹早韭，剪春芹，暮雨對朝雲。
竹間斜白接，花下醉紅裙。
掌握靈符五岳篆，腰懸寶劍七星紋。
金鎖未開，上相趨聽宮漏永；
珠簾半卷，群僚仰對御爐熏。
詞對賦，懶對勤，類聚對群分。

鸞簫對鳳笛。帶草對香蕓。

燕許筆。韓柳文。舊話對新聞。

赫赫周南仲。翩翩晉右軍。

六國說成蘇子貴。兩京收復郭公勛。

漢闕陳書。侃侃忠言推賈誼。

唐廷對策。岩岩直諫有劉蕡。

言對笑。績對勛。鹿豕對羊豶。

星冠對月扇。把袂對書裙。

湯事葛。說興殷。蘿月對松雲。

西池青鳥使，北塞黑鴉軍。
文武成康爲一代，魏吴蜀漢定三分。
桂苑秋宵，明月三杯邀曲客；
松亭夏日，薰風一曲奏桐君。

十三 元

卑對長，季對昆，永巷對長門。
山亭對水閣，旅舍對軍屯。
楊子渡，謝公墩，德重對年尊。
承乾對出震，疊坎對重坤。

志士報君思犬馬。仁王養老察鷄豚。

遠水平沙。有客泛舟桃葉渡。

斜風細雨。何人携榼杏花村。

君對相。祖對孫。夕照對朝曛。

蘭臺對桂殿。海島對山村。

碑墮泪。賦招魂。報怨對懷恩。

陵埋金吐氣。田種玉生根。

相府珠簾垂白晝。邊城畫角動黃昏。

楓葉半山。秋去烟霞堪倚杖。

梨花滿地，夜來風雨不開門。

十四　寒

家對國，治對安，地主對天官。

坎男對離女，周誥對殷盤。

三三暖，九九寒，杜撰對包彈。

古壁蛩聲匝，閑亭鶴影單。

燕出簾邊春寂寂，鶯聞枕上漏珊珊。

池柳烟飄，日夕郎歸青瑣闥；

砌花雨過，月明人倚玉欄杆。

肥對瘦。窄對寬。黄犬對青鸞。

指環對腰帶。洗鉢對投竿。

誅佞劍。進賢冠。畫棟對雕欄。

雙垂白玉箸。九轉紫金丹。

陝右棠高懷召伯。河南花滿憶潘安。

陌上芳春。弱柳當風披彩綫。

池中清曉。碧荷承露捧珠盤。

行對卧。聽對看。鹿洞對魚灘。

蛟騰對豹變。虎踞對龍蟠。

風凜凜，雪漫漫，手辣對心酸。

鶯鶯對燕燕，小小對端端。

藍水遠，從千澗落，玉山高并兩峰寒。

至聖不凡，嬉戲六齡陳俎豆；

老萊大孝，承歡七衮舞斑斕。

十五　刪

林對塢，嶺對巒，晝永對春閑。

謀深對望重，任大對投艱。

裙裊裊，佩珊珊，守塞對當關。

密雲千里合，新月一鈎彎。

叔寶君臣皆縱逸，重華父母是嚚頑。

名動帝畿，西蜀三蘇來日下；

壯游京洛，東吴二陸起雲間。

臨對仿，吝對慳，討逆對平蠻。

忠肝對義膽，霧鬢對雲鬟。

埋筆冢，爛柯山，月貌對天顔。

龍潛終得躍，鳥倦亦知還。

隴樹飛來鸚鵡綠，池筠密處鷓鴣斑。

秋露横江，蘇子月明游赤壁。
凍雲迷嶺，韓公雪擁過藍關。

笠翁對韻 卷下

音頻二維碼

一先

寒對暑。日對年。蹴踘對鞦韆。

丹山對碧水。淡雨對覃烟。

歌宛轉。貌嬋娟。雪鼓對雲箋。

荒蘆棲南雁。疏柳噪秋蟬。

洗耳尚逢高士笑。折腰肯受小兒憐。

郭泰泛舟。折角半垂梅子雨。

山濤騎馬。接䍦倒着杏花天。

輕對重。肥對堅。碧玉對青錢。

郊寒對島瘦。酒聖對詩仙。

依玉樹。步金蓮。鑿井對耕田。

杜甫清宵立。邊韶白晝眠。

豪飲客吞波底月。酣游人醉水中天。

鬥草青郊。幾行寶馬嘶金勒。

看花紫陌。千里香車擁翠鈿。

吟對咏。授對傳。樂矣對凄然。

風鵬對雪雁。董杏對周蓮。

春九十歲三千。鐘鼓對管弦。
入山逢宰相。無事即神仙。
霞映武陵桃淡淡。烟荒隋堤柳綿綿。
七碗月團。啜罷清風生腋下。
三杯雲液。飲餘紅雨暈腮邊。
中對外。後對先。樹下對花前。
玉柱對金屋。疊嶂對平川。
孫子策。祖生鞭。盛席對華筵。
解醉知茶力。消愁識酒權。

絲剪芰荷開凍沼。錦妝梟雁泛温泉。

帝女銜石海中遺魄爲精衛。

蜀王叫月枝上游魂化杜鵑。

二 簫

琴對管。斧對瓢。水怪對花妖。

秋聲對春色。白縑對紅綃。

臣五代。事三朝。鬥柄對弓腰。

醉客歌金縷。佳人品玉簫。

風定落花閑不掃。霜餘殘葉濕難燒。

千載興周，尚父一竿投渭水；
百年霸越，錢王萬弩射江潮。
榮對悴，夕對朝，露地對雲霄。
商彝對周鼎，殷濩對虞韶。
樊素口，小蠻腰，六詔對三苗。
朝天車奕奕，出塞馬蕭蕭。
公子幽蘭重泛舸，王孫芳草正聯鑣。
潘岳高懷，曾向秋天吟蟋蟀；
王維清興，嘗於雪夜畫芭蕉。

耕對讀，牧對樵，琥珀對瓊瑤。
兔毫對鴻爪，桂楫對蘭橈。
魚潛藻，鹿藏蕉，水遠對山遙。
湘靈能鼓瑟，嬴女解吹簫。
雪點寒梅橫小院，風吹弱柳覆平橋。
月牖通宵，絳蠟罷時光不減；
風簾當晝，雕盤停後篆難消。

三 肴

詩對禮，卦對爻，燕引對鶯調。

晨鐘對暮鼓，野饌對山肴。
雉方乳，鵲始巢，猛虎對神獒。
疏星浮荇葉，皓月上松梢。
爲邦自古推瑚璉，從政於今愧鬥筲。
管鮑相知，能交忘形膠漆友，
藺廉有隙，終爲刎頸死生交。
歌對舞，笑對嘲，耳語對神交。
焉烏對亥豕，獺髓對鸞膠。
宜久敬，莫輕拋，一氣對同胞。

祭遵甘布被。張禄念綈袍。

花徑風來逢客訪。柴扉月到有僧敲。

夜雨園中一顆不凋王子柰。

秋風江上三重曾卷杜公茅。

銜對舍。廩對庖。玉磬對金鐃。

竹林對梅嶺。起鳳對騰蛟。

鮫綃帳。獸錦袍。露果對風梢。

揚州輸橘柚。荊土貢菁茅。

斷蛇埋地稱孫叔。渡蟻作橋識宋郊。

好夢難成，蛩響階前偏唧唧。
良朋遠到，鷄聲窗外正嘐嘐。

四豪

茭對茨，荻對蒿，山麓對江皋。
鶯簧對蝶板，麥浪對松濤。
騏驥足，鳳凰毛，美譽對嘉褒。
文人窺蠹簡，學士書兔毫。
馬援南徵載薏苡，張騫西使進葡萄。
辯口懸河，萬語千言常亹亹。

詞源倒峽，連篇累牘自滔滔。

梅對杏，李對桃，棫樸對旌旄。

酒仙對詩史，德澤對恩膏。

懸一榻，夢三刀，拙逸對貴勞。

玉堂花燭繞，金殿月輪高。

孤山看鶴盤雲下，蜀道聞猿向月號。

萬事從人，有花有酒應自樂；

百年皆客，一丘一壑盡吾豪。

臺對省，署對曹，分袂對同袍。

鳴琴對擊劍，返轍對回艚。

良借箸，操捉刀，香茗對醇醪。

滴泉歸海大，簣土積山高。

石室客來煎雀舌，畫堂賓至飲羊羔。

被謫賈生，湘水淒涼吟鵩鳥；

遭讒屈子，江潭憔悴著離騷。

五歌

微對巨，少對多，直干對平柯。

蜂媒對蝶使，雨笠對烟蓑。

眉淡掃。面微酡。妙舞對清歌。

輕衫裁夏葛。薄袂剪春羅。

將相兼行唐李靖。霸王雜用漢蕭何。

月本陰精。豈有羿妻曾竊藥。

星爲夜宿。浪傳織女漫投梭。

慈對善。虐對苛。縹緲對婆娑。

長楊對細柳。嫩蕊對寒莎。

追風馬。挽日戈。玉液對金波。

紫詔銜丹鳳。黃庭換白鵝。

畫閣江城梅作調，蘭舟野渡竹爲歌。

門外雪飛，錯認空中飄柳絮；

岩邊瀑響，誤疑天半落銀河。

松對竹，荇對荷，薜荔對藤蘿。

梯雲對步月，樵唱對漁歌。

昇鼎雉，聽經鵝，北海對東坡。

吴郎哀廢宅，邵子樂行窩。

麗水良金皆待冶，崑山美玉總須磨。

雨過皇州，琉璃色燦華清瓦；

風來帝苑，荷芰香飄太液波。
籠對檻，巢對窩，及第對登科。
冰清對玉潤，地利對人和，韓擒虎。
榮駕鵝，青女對素娥。
破頭朱泚笏，折齒謝鯤梭。
留客酒杯應恨少，動人詩句不須多。
緑野凝烟，但聽村前雙牧笛。
滄江積雪，惟看灘上一漁蓑。

六麻

清對濁。美對嘉。鄙吝對矜誇。

花須對柳眼。屋角對檐牙。

志和宅。博望槎。秋實對春華。

乾爐烹白雪。坤鼎煉丹砂。

深宵望冷沙場月。邊塞聽殘野戍笳。

滿院松風。鐘聲隱隱爲僧舍。

半窗花月。錫影依依是道家。

雷對電。霧對霞。蟻陣對蜂衙。

寄梅對懷橘，釀酒對烹茶。
宜男草，益母花，楊柳對蒹葭。
班姬辭帝輦，蔡琰泣胡笳。
舞榭歌樓千萬尺，竹籬茅舍兩三家。
珊枕半床，月明時夢飛塞外；
銀箏一奏，花落處人在天涯。
圓對缺，正對斜，笑語對咨嗟。
沈腰對潘鬢，孟筍對盧茶。
百舌鳥，兩頭蛇，帝里對仙家。

堯仁敷率土．舜德被流沙．
橋上授書曾納履．壁間題句已籠紗．
遠塞迢迢．露磧風沙何可極．
長沙渺渺．雪濤烟浪信無涯．
疏對密．樸對華．義鶻對慈鴉．
鶴群對雁陣．白苧對黃麻．
讀三到．吟八叉．肅靜對喧嘩．
圍棋兼把釣．沉李并浮瓜．
羽客片時能煮石．狐禪千劫似蒸沙．

党尉粗豪，金帐笼香斟美酒。
陶生清逸，银铛融雪啜团茶。

七阳

台对阁，沼对塘，朝雨对夕阳。
游人对隐士，谢女对秋娘。
三寸舌，九回肠，玉液对琼浆。
秦皇照胆镜，徐肇返魂香。
青萍夜啸芙蓉匣，黄卷时摊薜荔床。
元亨利贞，天地一机成化育。

仁義禮智·聖賢千古立綱常·

紅對白·緑對黃·晝永對更長·

龍飛對鳳舞·錦纜對牙檣·

雲弁使·雪衣娘·故國對他鄉·

雄文能徙鰐·艷曲爲求凰·

九日高峰驚落帽·暮春曲水喜流觴·

僧占名山·雲繞茂林藏古殿·

客棲勝地·風飄落葉響空廊·

衰對壯·弱對强·艷飾對新妝·

御龍對司馬，破竹對穿楊。
讀班馬，識求羊，水色對山光。
仙棋藏綠橘，客枕夢黄粱。
池草入詩因有夢，海棠帶恨爲無香。
風起畫堂，簾箔影翻青荇沼；
月斜金井，轆轤聲度碧梧墻。
臣對子，帝對王，日月對風霜。
烏臺對紫府，雪牖對雲房。
香山社，畫錦堂，蔀屋對岩廊。

芬椒塗内壁，文杏飾高梁。
貧女幸分東壁影，幽人高卧北窗凉。
綉閣探春，麗日半籠青鏡色；
水亭醉夏，薰風常透碧筒香。

八庚

形對貌，色對聲，夏邑對周京。
江雲對澗樹，玉磬對銀筝。
人老老，我卿卿，曉燕對春鶯。
玄霜舂玉杵，白露貯金莖。

賈客君山秋弄笛．仙人緱嶺夜吹笙．

帝業獨興．盡道漢高能用將．

父書空讀．誰言趙括善知兵．

功對業．性對情．月上對雲行．

乘龍對附驥．閬苑對蓬瀛．

春秋筆．月旦評．東作對西成．

隋珠光照乘．和璧價連城．

三箭三人唐將勇．一琴一鶴趙公清．

漢帝求賢．詔訪嚴灘逢故舊．

宋廷優老．年尊洛社重耆英．

昏對旦．晦對明．久雨對新晴．

蓼灣對花港．竹友對梅兄．

黄石叟．丹丘生．犬吠對鷄鳴．

暮山雲外斷．新水月中平．

半榻清風宜午夢．一犁好雨趁春耕．

王旦登庸．誤我十年遲作相．

劉蕡不第．愧他多士早成名．

九青

庚對甲。己對丁。魏闕對彤庭。梅妻對鶴子。珠箔對銀屏。鴛浴沼。鷺飛汀。鴻雁對鶺鴒。人間壽者相。天上老人星。八月好修攀桂斧。三春須系護花鈴。江閣憑臨。一水淨連天際碧。石欄閑倚。群山秀向雨餘青。

危對亂。泰對寧。納陛對趨庭。

金盤對玉箸，泛梗對浮萍。
群玉圃，衆芳亭，舊典對新型。
騎牛閑讀史，牧豕自橫經。
秋首田中禾穎重，春餘園内菜花馨。
旅次凄凉，塞月江風皆慘淡，
筵前歡笑，燕歌趙舞獨娉婷。

十蒸

萍對蓼，荇對菱，雁弋對魚罾。
齊紈對魯綺，蜀錦對吴綾。

星漸没，日初升，九聘對三徵。

蕭何曾作吏，賈島昔爲僧。

賢人視履循規矩，大匠揮斤校準繩。

野渡春風，人喜乘潮移酒舫；

江天暮雨，客愁隔岸對漁燈。

談對吐，謂對稱，冉閔對顔曾。

侯嬴對伯嚭，祖逖對孫登。

抛白紵，宴紅綾，勝友對良朋。

爭名如逐鹿，謀利似趨蠅。

仁杰姨嘶周不仕．王陵母識漢方興．

句寫窮愁．浣花寄跡傳工部．

詩吟變亂．凝碧傷心嘆右丞．

十一尤

榮對辱．喜對憂．繾綣對綢繆．

吳娃對越女．野馬對沙鷗．

茶解渴．酒消愁．白眼對蒼頭．

馬遷修史記．孔子作春秋．

莘野耕夫閑舉耜．渭濱漁父晚垂鈎．

龍馬游河，羲帝因圖而畫卦；
神龜出洛，禹王取法以明疇。
冠對履，舄對裘，院小對庭幽。
面墻對膝地，錯智對良籌。
孤嶂聳，大江流，芳澤對圜丘。
花潭來越唱，柳嶼起吴謳。
鶯懶燕忙三月雨，蛩摧蟬退一天秋。
鐘子聽琴，荒徑入林山寂寂；
謫仙捉月，洪濤接岸水悠悠。

魚對鳥，鵲對鳩，翠館對紅樓。
七賢對三友，愛日對悲秋。
虎類狗，蟻如牛，列辟對諸侯。
陳唱臨春樂，隋歌清夜游。
空中事業麒麟閣，地下文章鸚鵡洲。
曠野平原，獵士馬蹄輕似箭，
斜風細雨，牧童牛背穩如舟。

十二 侵

歌對曲，嘯對吟，往古對來今。

山頭對水面。遠浦對遥岑。
勤三上。惜寸陰。茂樹對平林。
卞和三獻玉。楊震四知金。
青皇風暖催芳草。白帝城高急暮砧。
綉虎雕龍。才子窗前揮彩筆。
描鸞刺鳳。佳人簾下度金針。
登對眺。涉對臨。瑞雪對甘霖。
主歡對民樂。交淺對言深。
恥三戰。樂七擒。顧曲對知音。

大車行檻檻，駟馬聚騤騤。

紫電青虹騰劍氣，高山流水識琴心。

屈子懷君極浦吟風悲澤畔，

王郎憶友扁舟臥雪訪山陰。

十三　覃

宮對闕，座對龕，水北對天南。

蜃樓對蟻郡，偉論對高談。遴杞梓，

樹楩楠，得一對函三。

八寶珊瑚枕，雙珠玳瑁簪。

蕭王待士心惟赤．盧相欺君面獨藍．

賈島詩狂．手擬敲門行處想．

張顛草聖．頭能濡墨寫時酣．

閒對見．解對諳．三橘對雙柑．

黄童對白叟．靜女對奇男．

秋七七．徑三三．海色對山嵐．

鸞聲何噦噦．虎視正眈眈．

儀封疆吏知尼父．函谷關人識老聃．

江相歸池．止水自盟真是止．

吴公作宰．貪泉雖飲亦何貪．

十四鹽

寬對猛．冷對炎．清直對尊嚴．

雲頭對雨脚．鶴發對龍髯．

風臺諫．肅堂廉．保泰對鳴謙．

五湖歸範蠡．三徑隱陶潛．

一劍成功堪佩印．百錢滿卦便垂簾．

濁酒停杯．容我半酣愁際飲．

好花傍座．看他微笑悟時拈．

連對斷，減對添。淡泊對安恬。

回頭對極目，水底對山尖。

腰裊裊，手纖纖。鳳卜對鸞占。

開田多種粟，煮海盡成鹽。

居同九世張公藝，恩給千人范仲淹。

簫弄鳳來，秦女有緣能跨羽；

鼎成龍去，軒臣無計得攀髯。

人對己，愛對嫌。舉止對觀瞻。

四知對三語，義正對辭嚴。

勤雪案。課風檐。漏箭對書箋。
文繁歸獺祭。體艷別香奩。
昨夜題詩更一字。早春來燕卷重簾。
詩以史名。愁裏悲歌懷杜甫。
筆經人索。夢中顯晦老江淹。

十五 咸

栽對植。剃對芟。二伯對三監。
朝臣對國老。職事對官銜。
鹿麌麌。兔毚毚。啓牘對開緘。

綠楊鶯睍睆。紅杏燕呢喃。

半籬白酒娛陶令。一枕黃粱度呂岩。

九夏炎飆。長日風亭留客騎。

三冬寒冽。漫天雪浪駐征帆。

梧對杞。柏對杉。夏濩對韶咸。

澗瀍對溱洧。鞏洛對崤函。

藏書洞。避詔岩。脫俗對超凡。

賢人羞獻媚。正士嫉工讒。

霸越謀臣推少伯。佐唐藩將重渾瑊。

鄴下狂生，羯鼓三撾羞錦襖；
江州司馬，琵琶一曲濕青衫。
袍對笏，履對衫，匹馬對孤帆。
琢磨對雕鏤，刻劃對鐫鑱。
星北拱，日西銜，卮漏對鼎饞。
江邊生桂若，海外樹都咸。
但得恢恢存利刃，何須咄咄達空函。
彩鳳知音，樂典後夔須九奏；
金人守口，聖如尼父亦三緘。

音頻二維碼

增廣賢文

昔時賢文。誨汝諄諄。

集韻增廣。多見多聞。

觀今宜鑒古。無古不成今。

知己知彼。將心比心。

酒逢知己飲。詩向會人吟。

相識滿天下。知心能幾人。

相逢好似初相識。到老終無怨恨心。

近水知魚性。近山識鳥音。

易漲易退山溪水，易反易復小人心。

運去金成鐵，時來鐵似金。

讀書須用意，一字值千金。

逢人且說三分話，未可全拋一片心。

有意栽花花不發，無心插柳柳成蔭。

畫虎畫皮難畫骨，知人知面不知心。

錢財如糞土，仁義值千金。

流水下灘非有意，白雲出岫本無心。

當時若不登高望，誰信東流海洋深。

路遥知馬力，事久知人心。

兩人一般心，無錢堪買金。

一人一般心，有錢難買針。

相見易得好，久住難爲人。

馬行無力皆因瘦，人不風流祇爲貧。

饒人不是癡漢，癡漢不會饒人。

是親不是親，非親却是親。

美不美，鄉中水；親不親，故鄉人。

鶯花猶怕春光老，豈可教人枉度春。

相逢不飲空歸去，洞口桃花也笑人。

紅粉佳人休使老，風流浪子莫教貧。

在家不會迎賓客，出外方知少主人。

黃金無假，阿魏無真。

客來主不顧，應恐是癡人。

貧居鬧市無人問，富在深山有遠親。

誰人背後無人說，哪個人前不說人。

有錢道真語，無錢語不真。

不信但看筵中酒，杯杯先勸有錢人。

鬧裏有錢，靜處安身。

來如風雨，去似微塵。

長江後浪推前浪，世上新人趕舊人。

近水樓臺先得月，向陽花木早逢春。

莫道君行早，更有早行人。

莫信直中直，須防仁不仁。

山中有直樹，世上無直人。

自恨枝無葉，莫怨太陽偏。

大家都是命，半點不由人。

一年之計在於春。一日之計在於寅。

一家之計在於和。一生之計在於勤。

責人之心責己。恕己之心恕人。

守口如瓶。防意如城。

寧可人負我。切莫我負人。

再三須慎意。第一莫欺心。

虎生猶可近。人熟不堪親。

來說是非者。便是是非人。

遠水難救近火。遠親不如近鄰。

有茶有酒多兄弟，急難何曾見一人。

人情似紙張張薄，世事如棋局局新。

山中也有千年樹，世上難逢百歲人。

力微休負重，言輕莫勸人。

無錢休入衆，遭難莫尋親。

平生莫做皺眉事，世上應無切齒人。

士者國之寶，儒爲席上珍。

若要斷酒法，醒眼看醉人。

求人須求大丈夫，濟人須濟急時無。

渴時一滴如甘露。醉後添杯不如無。

久住令人嫌。頻來親也疏。

酒中不語真君子。財上分明大丈夫。

出家如初。成佛有餘。

積金千兩。不如明解經書。

養子不教如養驢。養女不教如養猪。

有田不耕倉廩虛。有書不讀子孫愚。

倉廩虛兮歲月乏。子孫愚兮禮義疏。

同君一席話。勝讀十年書。

人不通今古，馬牛如襟裾。
茫茫四海人無數，哪個男兒是丈夫。
白酒釀成緣好客，黃金散盡爲收書。
救人一命，勝造七級浮屠。
城門失火，殃及池魚。
庭前生瑞草，好事不如無。
欲求生富貴，須下死工夫。
百年成之不足，一旦敗之有餘。
人心似鐵，官法如爐。

善化不足。惡化有餘。

水至清則無魚。人至察則無徒。

知者減半。省者全無。

在家由父。出家從夫。

痴人畏婦。賢女敬夫。

是非終日有。不聽自然無。

寧可正而不足。不可邪而有餘。

寧可信其有。不可信其無。

竹籬茅舍風光好。道院僧堂終不如。

命裏有時終須有，命裏無時莫強求。
道院迎仙客，書堂隱相儒。
庭栽棲鳳竹，池養化龍魚。
結交須勝己，似我不如無。
但看三五日，相見不如初。
人情似水分高下，世事如雲任卷舒。
會説説都是，不會説無禮。
磨刀恨不利，刀利傷人指。
求財恨不得，財多害自己。

知足常足。終身不辱。

知止常止。終身不耻。

有福傷財。無福傷己。

差之毫厘。失之千里。

若登高必自卑。若涉遠必自邇。

三思而行。再思可矣。

使口不如自走。求人不如求己。

小時是兄弟。長大各鄉里。

妒財莫妒食。怨生莫怨死。

人見白頭嗔，我見白頭喜。
多少少年亡，不到白頭死。
牆有縫，壁有耳。
好事不出門，惡事傳千里。
賊是小人，知過君子。
君子固窮，小人窮斯濫也。
貧窮自在，富貴多憂。
不以我爲德，反以我爲仇。
寧向直中取，不可曲中求。

人無遠慮，必有近憂。

知我者謂我心憂，不知我者謂我何求。

晴天不肯去，只待雨淋頭。

成事莫説，覆水難收。

是非祇爲多開口，煩惱皆因强出頭。

忍得一時之氣，免得百日之憂。

近來學得烏龜法，得縮頭時且縮頭。

懼法朝朝樂，欺公日日憂。

人生一世，草生一春。

黑發不知勤學早．看看又是白頭翁．

月到十五光明少．人到中年萬事休．

兒孫自有兒孫福．莫爲兒孫作馬牛．

人生不滿百．常懷千歲憂．

今朝有酒今朝醉．明日愁來明日憂．

路逢險處難回避．事到頭來不自由．

藥能醫假病．酒不解真愁．

人平不語．水平不流．

一家有女百家求．一馬不行百馬憂．

有花方酌酒．無月不登樓．

三杯通大道．一醉解千愁．

深山畢竟藏猛虎．大海終須納細流．

惜花須檢點．愛月不梳頭．

大抵選他肌骨好．不擦紅粉也風流．

受恩深處宜先退．得意濃時便可休．

莫待是非來入耳．從前恩愛反爲仇．

留得五湖明月在．不愁無處下金鈎．

休別有魚處．莫戀淺灘頭．

去時終須去，再三留不住。

忍一句，息一怒，饒一着，退一步。

三十不豪，四十不富，五十將來尋死路。

生不論魂，死不認尸。

父母恩深終有別，夫妻義重也分離。

人生似鳥同林宿，大限來時各自飛。

人善被人欺，馬善被人騎。

人無橫財不富，馬無夜草不肥。

人惡人怕天不怕，人善人欺天不欺。

善惡到頭終有報．祇爭來早與來遲．

黄河尚有澄清日．豈可人無得運時．

得寵思辱．安居慮危．

念念有如臨敵日．心心常似過橋時．

英雄行險道．富貴似花枝．

人情莫道春光好．祇怕秋來有冷時．

送君千里．終須一别．

但將冷眼看螃蟹．看你横行到幾時．

見事莫説．問事不知．

閑事休管．無事早歸．

假緞染就真紅色．也被旁人說是非．

善事可作．惡事莫爲．

許人一物．千金不移．

龍生龍子．虎生虎兒．

龍游淺水遭蝦戲．虎落平陽被犬欺．

一舉首登龍虎榜．十年身到鳳凰池．

十年窗下無人問．一舉成名天下知．

酒債尋常行處有．人生七十古來稀．

養兒待老，積谷防饑。
雞豚狗彘之畜，無失其時。
數口之家，可以無饑矣。
常將有日思無日，莫把無時當有時。
時來風送滕王閣，運去雷轟薦福碑。
入門休問榮枯事，觀看容顏便得知。
官清书吏瘦，神靈廟祝肥。
息却雷霆之怒，罷却虎狼之威。
饒人算人之本，輸人算人之機。

好言難得。惡語易施。

一言既出。駟馬難追。

道吾好者是吾賊。道吾惡者是吾師。

路逢俠客須呈劍。不是才人莫獻詩。

三人同行。必有我師焉。

擇其善者而從之。

其不善者而改之。

少壯不努力。老大徒悲傷。

人有善願。天必佑之。

莫飲卯時酒。昏昏醉到酉。

莫罵酉時妻。一夜受孤凄。

種麻得麻。種豆得豆。

天網恢恢。疏而不漏。

見官莫向前。做客莫在後。

寧添一斗。莫添一口。

螳螂捕蟬。豈知黄雀在後。

不求金玉重重貴。但願兒孫個個賢。

一日夫妻。百世姻緣。

百世修來同船渡，千世修來共枕眠。

殺人一萬，自損三千。

傷人一語，利如刀割。

枯木逢春猶再發，人無兩度再少年。

未晚先投宿，雞鳴早看天。

將相胸前堪走馬，公侯肚裏好撑船。

富人思來年，窮人思眼前。

世上若要人情好，賒去物件莫取錢。

死生有命，富貴在天。

擊石原有火，不擊乃無烟。
爲學始知道，不學亦徒然。
莫笑他人老，終須還到老。
但能依本分，終須無煩惱。
君子愛財，取之有道。
貞婦愛色，納之以禮。
善有善報，惡有惡報。
不是不報，日子未到。
人而無信，不知其可也。

一人道好。千人傳實。

凡事要好。須問三老。

若爭小可。便失大道。

年年防饑。夜夜防盜。

學者如禾如稻。不學者如蒿如草。

遇飲酒時須飲酒。得高歌處且高歌。

因風吹火。用力不多。

不因漁父引。怎得見波濤。

無求到處人情好。不飲從他酒價高。

知事少時煩惱少．識人多處是非多．

入山不怕傷人虎．祇怕人情兩面刀．

强中更有强中手．惡人須用惡人磨．

會使不在家豪富．風流不用着衣多．

光陰似箭．日月如梭．

天時不如地利．地利不如人和．

黄金未爲貴．安樂值錢多．

世上萬般皆下品．思量唯有讀書高．

世間好語書説盡．天下名山僧占多．

爲善最樂。爲惡難逃。

羊有跪乳之恩。鴉有反哺之義。

你急他未急。人閑心不閑。

隱惡揚善。執其兩端。

妻賢夫禍少。子孝父心寬。

既墜釜甑。反顧無益。

翻覆之水。收之實難。

人生知足何時足。人老偷閑且是閑。

但有緑楊堪系馬。處處有路通長安。

見者易，學者難。
莫將容易得，便作等閑看。
用心計較般般錯，退步思量事事難。
道路各别，養家一般。
從儉入奢易，從奢入儉難。
知音説與知音聽，不是知音莫與彈。
點石化爲金，人心猶未足。
信了賭，賣了屋。
他人觀花，不涉你目。

他人碌碌，不涉你足。

誰人不愛子孫賢，誰人不愛千鍾粟。

莫把真心空計較，五行不是這題目。

與人不和，勸人養鵝。

與人不睦，勸人架屋。

但行好事，莫問前程。

河狹水急，人急計生。

明知山有虎，莫向虎山行。

路不行不到，事不爲不成。

人不勸不善。鐘不打不鳴。

無錢方斷酒。臨老始看經。

點塔七層。不如暗處一燈。

萬事勸人休瞞昧。舉頭三尺有神明。

但存方寸土。留與子孫耕。

滅却心頭火。剔起佛前燈。

惺惺常不足。懵懵作公卿。

衆星朗朗。不如孤月獨明。

兄弟相害。不如自生。

合理可作，小利莫爭。

牡丹花好空入目，棗花雖小結實成。

欺老莫欺小，欺人心不明。

隨分耕鋤收地利，他時飽滿謝蒼天。

得忍且忍，得耐且耐。

不忍不耐，小事成大。

相論逞英雄，家計漸漸退。

賢婦令夫貴，惡婦令夫敗。

一人有慶，兆民咸賴。

人老心未老。人窮志莫窮。

人無千日好。花無百日紅。

殺人可恕。情理難容。

乍富不知新受用。乍貧難改舊家風。

座上客常滿。樽中酒不空。

屋漏更遭連年雨。行船又遇打頭風。

笋因落籜方成竹。魚爲奔波始化龍。

記得少年騎竹馬。看看又是白頭翁。

禮義生于富足。盜賊出于貧窮。

天上衆星皆拱北，世間無水不朝東。

君子安平，達人知命。

忠言逆耳利于行，良藥苦口利于病。

順天者存，逆天者亡。

人爲財死，鳥爲食亡。

夫妻相合好，琴瑟與笙簧。

有兒貧不久，無子富不長。

善必壽老，惡必早亡。

爽口食多偏作病，快心事過恐生殃。

富貴定要安本分，貧窮不必枉思量。

畫水無風空作浪，綉花雖好不聞香。

貪他一斗米，失却半年糧。

爭他一脚豚，反失一肘羊。

龍歸晚洞雲猶濕，麝過春山草木香。

平生祇會量人短，何不回頭把自量。

見善如不及，見惡如探湯。

人貧志短，馬瘦毛長。

自家心裏急，他人未知忙。

貧無達士將金贈，病有高人說藥方。

觸來莫與說，事過心清涼。

秋至滿山多秀色，春來無處不花香。

凡人不可貌相，海水不可斗量。

清清之水爲土所防，

濟濟之士爲酒所傷。

蒿草之下，或有蘭香；

茅茨之屋，或有侯王。

無限朱門生餓殍，幾多白屋出公卿。

醉後乾坤大．壺中日月長．

萬事皆已定．浮生空白忙．

千里送毫毛．禮輕仁義重．

世事明如鏡．前程暗似漆．

光陰黄金難買．一世如駒過隙．

良田萬頃．日食一升．

大廈千間．夜眠八尺．

千經萬典．孝義爲先．

一字入公門．九牛拖不出．

衙門八字開，有理無錢莫進來。

富從升合起，貧因不算來。

家中無才子，官從何處來。

萬事不由人計較，一生都是命安排。

急行慢行，前程祇有多少路。

人間私語，天聞若雷。

暗室虧心，神目如電。

一毫之惡，勸人莫作。

一毫之善，與人方便。

欺人是禍，饒人是福。

天網恢恢，報應甚速。

聖賢言語，神欽鬼伏。

人各有心，心各有見。

口說不如身逢，耳聞不如目見。

養軍千日，用在一朝。

國清才子貴，家富小兒驕。

利刀割體痕易合，惡語傷人恨不消。

公道世間唯白發，貴人頭上不曾饒。

有錢堪出衆．無衣懶出門．
爲官須作相．及第必爭先．
閑時不燒香．急時抱佛脚．
幸生太平無事日．恐逢年老不多時．
國亂思良將．家貧思賢妻．
池塘積水須防旱．田地勤耕足養家．
根深不怕風摇動．樹正無愁月影斜．
奉勸君子．各宜守己．
祗此程式．萬無一失．

圖書在版編目（CIP）數據

笠翁對韵　增廣賢文 / 北京華夏文化藝術研究院選編 . -- 北京 : 文物出版社，2020.6（2021.6 重印）
（華夏傳統文化經典系列）
ISBN 978-7-5010-6696-4

Ⅰ．①笠…　Ⅱ．①北…　Ⅲ．①詩詞格律－中國－啓蒙讀物②古漢語－啓蒙讀物　Ⅳ．① I207.21 ② H194.1

中國版本圖書館 CIP 數據核字（2020）第 089107 號

華夏傳統文化經典系列：笠翁對韵　增廣賢文

選　　編：北京華夏文化藝術研究院

策　　劃：北京華夏文化藝術研究院
責任編輯：劉永海
責任印製：蘇　林
封面設計：石　冰　鐘尊朝

出版發行：文物出版社
地　　址：北京市東城區東直門内北小街 2 號樓
郵　　編：100007
網　　址：http://www.wenwu.com
經　　銷：新華書店
印　　刷：三河市華東印刷有限公司
開　　本：710mm × 1000mm　1/16
印　　張：7.75
版　　次：2020 年 6 月第 1 版
印　　次：2021 年 6 月第 2 次印刷
書　　號：ISBN 978-7-5010-6696-4
定　　價：358.00 元（全十册）